This Dream House Belongs To

_____

Room Vision

Room Requirements

- [ ] L x W x H _____
- [ ] _____
- [ ] _____
- [ ] _____
- [ ] _____
- [ ] _____
- [ ] _____
- [ ] _____
- [ ] _____
- [ ] _____
- [ ] _____

Decor & Style Ideas

_____

_____

_____

_____

_____

_____

_____

_____

_____

_____

Sketchpad

Notes

_____

_____

_____

_____

_____

_____

_____

_____

Design Layout

Room Vision

Room Requirements

- [ ] L x W x H _____
- [ ] _____
- [ ] _____
- [ ] _____
- [ ] _____
- [ ] _____
- [ ] _____
- [ ] _____
- [ ] _____
- [ ] _____
- [ ] _____

Decor & Style Ideas

_____

_____

_____

_____

_____

_____

_____

_____

_____

_____

Sketchpad

Notes

_____

_____

_____

_____

_____

_____

_____

_____

Design Layout

Room Vision

Room Requirements

☐ L x W x H _____

☐ _____

☐ _____

☐ _____

☐ _____

☐ _____

☐ _____

☐ _____

☐ _____

☐ _____

☐ _____

Decor & Style Ideas

_____

_____

_____

_____

_____

_____

_____

_____

_____

_____

_____

Sketchpad

Notes

_____

_____

_____

_____

_____

_____

_____

_____

Design Layout

Room Vision

Room Requirements

- [ ] L x W x H _____
- [ ] _____
- [ ] _____
- [ ] _____
- [ ] _____
- [ ] _____
- [ ] _____
- [ ] _____
- [ ] _____
- [ ] _____
- [ ] _____

Decor & Style Ideas

_____

_____

_____

_____

_____

_____

_____

_____

_____

_____

_____

Sketchpad

Notes

_____

_____

_____

_____

_____

_____

_____

Design Layout

Room Vision

Room Requirements

- [ ] L x W x H _____
- [ ] _____
- [ ] _____
- [ ] _____
- [ ] _____
- [ ] _____
- [ ] _____
- [ ] _____
- [ ] _____
- [ ] _____
- [ ] _____

Decor & Style Ideas

_____
_____
_____
_____
_____
_____
_____
_____
_____
_____
_____

Sketchpad

Notes

_____

_____

_____

_____

_____

_____

_____

_____

Design Layout

Room Vision

Room Requirements

- [ ] L x W x H _____
- [ ] _____
- [ ] _____
- [ ] _____
- [ ] _____
- [ ] _____
- [ ] _____
- [ ] _____
- [ ] _____
- [ ] _____
- [ ] _____

Decor & Style Ideas

_____

_____

_____

_____

_____

_____

_____

_____

_____

_____

_____

_____

_____

Sketchpad

Notes

_____

_____

_____

_____

_____

_____

_____

_____

Design Layout

Room Vision

Room Requirements

- [ ] L x W x H _____
- [ ] _____
- [ ] _____
- [ ] _____
- [ ] _____
- [ ] _____
- [ ] _____
- [ ] _____
- [ ] _____
- [ ] _____
- [ ] _____

Decor & Style Ideas

_____

_____

_____

_____

_____

_____

_____

_____

_____

_____

_____

Sketchpad

Notes

_____

_____

_____

_____

_____

_____

_____

_____

Design Layout

Room Vision

Room Requirements

- [ ] L x W x H _____
- [ ] _____
- [ ] _____
- [ ] _____
- [ ] _____
- [ ] _____
- [ ] _____
- [ ] _____
- [ ] _____
- [ ] _____
- [ ] _____

Decor & Style Ideas

_____

_____

_____

_____

_____

_____

_____

_____

_____

_____

_____

Sketchpad

Notes

_____

_____

_____

_____

_____

_____

_____

_____

Design Layout

Room Vision

Room Requirements

- [ ] L x W x H _____
- [ ] _____
- [ ] _____
- [ ] _____
- [ ] _____
- [ ] _____
- [ ] _____
- [ ] _____
- [ ] _____
- [ ] _____
- [ ] _____

Decor & Style Ideas

_____

_____

_____

_____

_____

_____

_____

_____

_____

_____

_____

_____

Sketchpad

Notes

_____

_____

_____

_____

_____

_____

_____

_____

Design Layout

Room Vision

Room Requirements

- [ ] L x W x H _____
- [ ] _____
- [ ] _____
- [ ] _____
- [ ] _____
- [ ] _____
- [ ] _____
- [ ] _____
- [ ] _____
- [ ] _____
- [ ] _____

Decor & Style Ideas

_____

_____

_____

_____

_____

_____

_____

_____

_____

_____

_____

Sketchpad

Notes

_____

_____

_____

_____

_____

_____

_____

_____

Design Layout

Room Vision

Room Requirements

- [ ] L x W x H _____
- [ ] _____
- [ ] _____
- [ ] _____
- [ ] _____
- [ ] _____
- [ ] _____
- [ ] _____
- [ ] _____
- [ ] _____
- [ ] _____

Decor & Style Ideas

_____
_____
_____
_____
_____
_____
_____
_____
_____
_____
_____
_____

Sketchpad

Notes

_____

_____

_____

_____

_____

_____

_____

Design Layout

Room Vision

Room Requirements

- [ ] L x W x H _____
- [ ] _____
- [ ] _____
- [ ] _____
- [ ] _____
- [ ] _____
- [ ] _____
- [ ] _____
- [ ] _____
- [ ] _____
- [ ] _____

Decor & Style Ideas

_____

_____

_____

_____

_____

_____

_____

_____

_____

_____

_____

Sketchpad

Notes

_____

_____

_____

_____

_____

_____

_____

_____

Design Layout

Room Vision

Room Requirements

- [ ] L x W x H _____
- [ ] _____
- [ ] _____
- [ ] _____
- [ ] _____
- [ ] _____
- [ ] _____
- [ ] _____
- [ ] _____
- [ ] _____
- [ ] _____

Decor & Style Ideas

_____

_____

_____

_____

_____

_____

_____

_____

_____

_____

Sketchpad

Notes

_____

_____

_____

_____

_____

_____

_____

_____

_____

Design Layout

Room Vision

Room Requirements

- [ ] L x W x H _____
- [ ] _____
- [ ] _____
- [ ] _____
- [ ] _____
- [ ] _____
- [ ] _____
- [ ] _____
- [ ] _____
- [ ] _____
- [ ] _____

Decor & Style Ideas

_____

_____

_____

_____

_____

_____

_____

_____

_____

_____

Sketchpad

Notes

_____

_____

_____

_____

_____

_____

_____

_____

Design Layout

Room Vision

Room Requirements

- [ ] L x W x H
- [ ] _____
- [ ] _____
- [ ] _____
- [ ] _____
- [ ] _____
- [ ] _____
- [ ] _____
- [ ] _____
- [ ] _____
- [ ] _____

Decor & Style Ideas

_____
_____
_____
_____
_____
_____
_____
_____
_____
_____
_____
_____

Sketchpad

Notes

_____

_____

_____

_____

_____

_____

_____

Design Layout

Room Vision

Room Requirements

- [ ] L x W x H _____
- [ ] _____
- [ ] _____
- [ ] _____
- [ ] _____
- [ ] _____
- [ ] _____
- [ ] _____
- [ ] _____
- [ ] _____
- [ ] _____

Decor & Style Ideas

_____

_____

_____

_____

_____

_____

_____

_____

_____

_____

_____

Sketchpad

Notes

_____
_____
_____
_____
_____
_____
_____
_____

Design Layout

Room Vision

Room Requirements

- [ ] L x W x H _____
- [ ] _____
- [ ] _____
- [ ] _____
- [ ] _____
- [ ] _____
- [ ] _____
- [ ] _____
- [ ] _____
- [ ] _____
- [ ] _____

Decor & Style Ideas

_____

_____

_____

_____

_____

_____

_____

_____

_____

_____

_____

Sketchpad

Notes

Design Layout

Room Vision

Room Requirements

- [ ] L x W x H _____
- [ ] _____
- [ ] _____
- [ ] _____
- [ ] _____
- [ ] _____
- [ ] _____
- [ ] _____
- [ ] _____
- [ ] _____
- [ ] _____

Decor & Style Ideas

_____

_____

_____

_____

_____

_____

_____

_____

_____

_____

_____

Sketchpad

Notes

_____
_____
_____
_____
_____
_____
_____
_____

Design Layout

Room Vision

Room Requirements

- [ ] L x W x H _____
- [ ] _____
- [ ] _____
- [ ] _____
- [ ] _____
- [ ] _____
- [ ] _____
- [ ] _____
- [ ] _____
- [ ] _____
- [ ] _____

Decor & Style Ideas

_____

_____

_____

_____

_____

_____

_____

_____

_____

_____

_____

Sketchpad

Notes

_____
_____
_____
_____
_____
_____
_____
_____

Design Layout

Room Vision

Room Requirements

- [ ] L x W x H _____
- [ ] _____
- [ ] _____
- [ ] _____
- [ ] _____
- [ ] _____
- [ ] _____
- [ ] _____
- [ ] _____
- [ ] _____
- [ ] _____

Decor & Style Ideas

_____

_____

_____

_____

_____

_____

_____

_____

_____

_____

_____

Sketchpad

Notes

_____
_____
_____
_____
_____
_____
_____
_____

Design Layout

Room Vision

Room Requirements

- [ ] L x W x H _____
- [ ] _____
- [ ] _____
- [ ] _____
- [ ] _____
- [ ] _____
- [ ] _____
- [ ] _____
- [ ] _____
- [ ] _____
- [ ] _____

Decor & Style Ideas

_____

_____

_____

_____

_____

_____

_____

_____

_____

_____

_____

Sketchpad

Notes

_____
_____
_____
_____
_____
_____
_____
_____

Design Layout

Room Vision

Room Requirements

- [ ] L x W x H _____
- [ ] _____
- [ ] _____
- [ ] _____
- [ ] _____
- [ ] _____
- [ ] _____
- [ ] _____
- [ ] _____
- [ ] _____
- [ ] _____

Decor & Style Ideas

_____

_____

_____

_____

_____

_____

_____

_____

_____

_____

_____

_____

Sketchpad

Notes

_____

_____

_____

_____

_____

_____

_____

_____

Design Layout

Room Vision

Room Requirements

- [ ] L x W x H _____
- [ ] _____
- [ ] _____
- [ ] _____
- [ ] _____
- [ ] _____
- [ ] _____
- [ ] _____
- [ ] _____
- [ ] _____
- [ ] _____

Decor & Style Ideas

_____
_____
_____
_____
_____
_____
_____
_____
_____
_____
_____
_____

Sketchpad

Notes

_____

_____

_____

_____

_____

_____

_____

_____

Design Layout

Room Vision

Room Requirements

- [ ] L x W x H _____
- [ ] _____
- [ ] _____
- [ ] _____
- [ ] _____
- [ ] _____
- [ ] _____
- [ ] _____
- [ ] _____
- [ ] _____
- [ ] _____

Decor & Style Ideas

_____

_____

_____

_____

_____

_____

_____

_____

_____

_____

_____

Sketchpad

Notes

_____
_____
_____
_____
_____
_____
_____
_____

Design Layout

Room Vision

Room Requirements

- [ ] L x W x H _____
- [ ] _____
- [ ] _____
- [ ] _____
- [ ] _____
- [ ] _____
- [ ] _____
- [ ] _____
- [ ] _____
- [ ] _____
- [ ] _____

Decor & Style Ideas

_____

_____

_____

_____

_____

_____

_____

_____

_____

_____

_____

_____

Sketchpad

Notes

_____

_____

_____

_____

_____

_____

_____

_____

Design Layout

Room Vision

Room Requirements

- [ ] L x W x H _____
- [ ] _____
- [ ] _____
- [ ] _____
- [ ] _____
- [ ] _____
- [ ] _____
- [ ] _____
- [ ] _____
- [ ] _____
- [ ] _____

Decor & Style Ideas

_____

_____

_____

_____

_____

_____

_____

_____

_____

_____

Sketchpad

Notes

_____

_____

_____

_____

_____

_____

_____

_____

Design Layout

Room Vision

Room Requirements

- [ ] L x W x H _____
- [ ] _____
- [ ] _____
- [ ] _____
- [ ] _____
- [ ] _____
- [ ] _____
- [ ] _____
- [ ] _____
- [ ] _____
- [ ] _____

Decor & Style Ideas

_____

_____

_____

_____

_____

_____

_____

_____

_____

_____

_____

Sketchpad

Notes

_____

_____

_____

_____

_____

_____

_____

_____

Design Layout

Room Vision

Room Requirements

- [ ] L x W x H _____
- [ ] _____
- [ ] _____
- [ ] _____
- [ ] _____
- [ ] _____
- [ ] _____
- [ ] _____
- [ ] _____
- [ ] _____
- [ ] _____

Decor & Style Ideas

_____

_____

_____

_____

_____

_____

_____

_____

_____

_____

Sketchpad

Notes

_____
_____
_____
_____
_____
_____
_____
_____

Design Layout

Room Vision

Room Requirements

- [ ] L x W x H _____
- [ ] _____
- [ ] _____
- [ ] _____
- [ ] _____
- [ ] _____
- [ ] _____
- [ ] _____
- [ ] _____
- [ ] _____
- [ ] _____

Decor & Style Ideas

_____

_____

_____

_____

_____

_____

_____

_____

_____

_____

_____

Sketchpad

Notes

_____

_____

_____

_____

_____

_____

_____

_____

Design Layout

Room Vision

Room Requirements

- [ ] L x W x H _____
- [ ] _____
- [ ] _____
- [ ] _____
- [ ] _____
- [ ] _____
- [ ] _____
- [ ] _____
- [ ] _____
- [ ] _____
- [ ] _____

Decor & Style Ideas

_____

_____

_____

_____

_____

_____

_____

_____

_____

_____

_____

_____

Sketchpad

Notes

_____

_____

_____

_____

_____

_____

_____

_____

Design Layout

Room Vision

Room Requirements

- [ ] L x W x H _____
- [ ] _____
- [ ] _____
- [ ] _____
- [ ] _____
- [ ] _____
- [ ] _____
- [ ] _____
- [ ] _____
- [ ] _____
- [ ] _____

Decor & Style Ideas

_____

_____

_____

_____

_____

_____

_____

_____

_____

_____

_____

Sketchpad

Notes

_____

_____

_____

_____

_____

_____

_____

_____

Design Layout

Room Vision

Room Requirements

- [ ] L x W x H _____
- [ ] _____
- [ ] _____
- [ ] _____
- [ ] _____
- [ ] _____
- [ ] _____
- [ ] _____
- [ ] _____
- [ ] _____
- [ ] _____

Decor & Style Ideas

_____

_____

_____

_____

_____

_____

_____

_____

_____

_____

_____

Sketchpad

Notes

Design Layout

Room Vision

Room Requirements

- [ ] L x W x H _____
- [ ] _____
- [ ] _____
- [ ] _____
- [ ] _____
- [ ] _____
- [ ] _____
- [ ] _____
- [ ] _____
- [ ] _____
- [ ] _____

Decor & Style Ideas

_____

_____

_____

_____

_____

_____

_____

_____

_____

_____

_____

Sketchpad

Notes

_____
_____
_____
_____
_____
_____
_____
_____

Design Layout

Room Vision

Room Requirements

- [ ] L x W x H _____
- [ ] _____
- [ ] _____
- [ ] _____
- [ ] _____
- [ ] _____
- [ ] _____
- [ ] _____
- [ ] _____
- [ ] _____
- [ ] _____

Decor & Style Ideas

_____

_____

_____

_____

_____

_____

_____

_____

_____

_____

_____

Sketchpad

Notes

_____
_____
_____
_____
_____
_____
_____
_____

Design Layout

Room Vision

Room Requirements

- [ ] L x W x H _____
- [ ] _____
- [ ] _____
- [ ] _____
- [ ] _____
- [ ] _____
- [ ] _____
- [ ] _____
- [ ] _____
- [ ] _____
- [ ] _____

Decor & Style Ideas

_____

_____

_____

_____

_____

_____

_____

_____

_____

_____

Sketchpad

Notes

_____

_____

_____

_____

_____

_____

_____

_____

Design Layout

Room Vision

Room Requirements

- [ ] L x W x H _____
- [ ] _____
- [ ] _____
- [ ] _____
- [ ] _____
- [ ] _____
- [ ] _____
- [ ] _____
- [ ] _____
- [ ] _____
- [ ] _____

Decor & Style Ideas

_____

_____

_____

_____

_____

_____

_____

_____

_____

_____

Sketchpad

Notes

_____

_____

_____

_____

_____

_____

_____

_____

Design Layout

Room Vision

Room Requirements

- [ ] L x W x H _____
- [ ] _____
- [ ] _____
- [ ] _____
- [ ] _____
- [ ] _____
- [ ] _____
- [ ] _____
- [ ] _____
- [ ] _____
- [ ] _____

Decor & Style Ideas

_____

_____

_____

_____

_____

_____

_____

_____

_____

_____

_____

Sketchpad

Notes

_____
_____
_____
_____
_____
_____
_____
_____

Design Layout

Room Vision

Room Requirements

- ☐ L x W x H _____
- ☐ _____
- ☐ _____
- ☐ _____
- ☐ _____
- ☐ _____
- ☐ _____
- ☐ _____
- ☐ _____
- ☐ _____
- ☐ _____

Decor & Style Ideas

_____

_____

_____

_____

_____

_____

_____

_____

_____

_____

Sketchpad

Notes

_____

_____

_____

_____

_____

_____

_____

_____

Design Layout

Room Vision

Room Requirements

- [ ] L x W x H _____
- [ ] _____
- [ ] _____
- [ ] _____
- [ ] _____
- [ ] _____
- [ ] _____
- [ ] _____
- [ ] _____
- [ ] _____
- [ ] _____

Decor & Style Ideas

_____

_____

_____

_____

_____

_____

_____

_____

_____

_____

_____

_____

Sketchpad

Notes

_____

_____

_____

_____

_____

_____

_____

_____

Design Layout

Room Vision

Room Requirements

- [ ] L x W x H _____
- [ ] _____
- [ ] _____
- [ ] _____
- [ ] _____
- [ ] _____
- [ ] _____
- [ ] _____
- [ ] _____
- [ ] _____
- [ ] _____

Decor & Style Ideas

_____

_____

_____

_____

_____

_____

_____

_____

_____

_____

_____

_____

Sketchpad

Notes

Design Layout

Room Vision

Room Requirements

- [ ] L x W x H _____
- [ ] _____
- [ ] _____
- [ ] _____
- [ ] _____
- [ ] _____
- [ ] _____
- [ ] _____
- [ ] _____
- [ ] _____
- [ ] _____

Decor & Style Ideas

_____
_____
_____
_____
_____
_____
_____
_____
_____
_____
_____

Sketchpad

Notes

Design Layout

Room Vision

Room Requirements

☐ L x W x H _____

☐ _____

☐ _____

☐ _____

☐ _____

☐ _____

☐ _____

☐ _____

☐ _____

☐ _____

☐ _____

Decor & Style Ideas

_____

_____

_____

_____

_____

_____

_____

_____

_____

_____

Sketchpad

Notes

Design Layout

Room Vision

Room Requirements

- [ ] L x W x H _____
- [ ] _____
- [ ] _____
- [ ] _____
- [ ] _____
- [ ] _____
- [ ] _____
- [ ] _____
- [ ] _____
- [ ] _____
- [ ] _____

Decor & Style Ideas

_____

_____

_____

_____

_____

_____

_____

_____

_____

_____

Sketchpad

Notes

_____
_____
_____
_____
_____
_____
_____
_____

Design Layout

Room Vision

Room Requirements

- [ ] L x W x H _____
- [ ] _____
- [ ] _____
- [ ] _____
- [ ] _____
- [ ] _____
- [ ] _____
- [ ] _____
- [ ] _____
- [ ] _____
- [ ] _____

Decor & Style Ideas

_____

_____

_____

_____

_____

_____

_____

_____

_____

_____

_____

_____

Sketchpad

Notes

_____

_____

_____

_____

_____

_____

_____

_____

Design Layout

Room Vision

Room Requirements

- [ ] L x W x H _____
- [ ] _____
- [ ] _____
- [ ] _____
- [ ] _____
- [ ] _____
- [ ] _____
- [ ] _____
- [ ] _____
- [ ] _____
- [ ] _____

Decor & Style Ideas

_____

_____

_____

_____

_____

_____

_____

_____

_____

_____

Sketchpad

Notes

_____
_____
_____
_____
_____
_____
_____
_____

Design Layout

Room Vision

Room Requirements

- [ ] L x W x H _____
- [ ] _____
- [ ] _____
- [ ] _____
- [ ] _____
- [ ] _____
- [ ] _____
- [ ] _____
- [ ] _____
- [ ] _____
- [ ] _____

Decor & Style Ideas

_____

_____

_____

_____

_____

_____

_____

_____

_____

_____

_____

Sketchpad

Notes

_____
_____
_____
_____
_____
_____
_____
_____

Design Layout

Room Vision

Room Requirements

- [ ] L x W x H _____
- [ ] _____
- [ ] _____
- [ ] _____
- [ ] _____
- [ ] _____
- [ ] _____
- [ ] _____
- [ ] _____
- [ ] _____
- [ ] _____

Decor & Style Ideas

_____

_____

_____

_____

_____

_____

_____

_____

_____

_____

_____

_____

Sketchpad

Notes

_____
_____
_____
_____
_____
_____
_____
_____

Design Layout

Room Vision

Room Requirements

- [ ] L x W x H _____
- [ ] _____
- [ ] _____
- [ ] _____
- [ ] _____
- [ ] _____
- [ ] _____
- [ ] _____
- [ ] _____
- [ ] _____
- [ ] _____

Decor & Style Ideas

_____
_____
_____
_____
_____
_____
_____
_____
_____
_____
_____
_____

Sketchpad

Notes

_____
_____
_____
_____
_____
_____
_____
_____
_____

Design Layout

Room Vision

Room Requirements

- [ ] L x W x H _____
- [ ] _____
- [ ] _____
- [ ] _____
- [ ] _____
- [ ] _____
- [ ] _____
- [ ] _____
- [ ] _____
- [ ] _____
- [ ] _____

Decor & Style Ideas

_____
_____
_____
_____
_____
_____
_____
_____
_____
_____
_____
_____

Sketchpad

Notes

_____
_____
_____
_____
_____
_____
_____
_____

Design Layout

Room Vision

Room Requirements

- [ ] L x W x H _____
- [ ] _____
- [ ] _____
- [ ] _____
- [ ] _____
- [ ] _____
- [ ] _____
- [ ] _____
- [ ] _____
- [ ] _____
- [ ] _____

Decor & Style Ideas

_____

_____

_____

_____

_____

_____

_____

_____

_____

_____

Sketchpad

Notes

_____

_____

_____

_____

_____

_____

_____

_____

Design Layout

Room Vision

Room Requirements

- [ ] L x W x H _____
- [ ] _____
- [ ] _____
- [ ] _____
- [ ] _____
- [ ] _____
- [ ] _____
- [ ] _____
- [ ] _____
- [ ] _____
- [ ] _____

Decor & Style Ideas

_____

_____

_____

_____

_____

_____

_____

_____

_____

_____

Sketchpad

Notes

Design Layout

Room Vision

Room Requirements

- [ ] L x W x H _____
- [ ] _____
- [ ] _____
- [ ] _____
- [ ] _____
- [ ] _____
- [ ] _____
- [ ] _____
- [ ] _____
- [ ] _____
- [ ] _____

Decor & Style Ideas

_____

_____

_____

_____

_____

_____

_____

_____

_____

_____

_____

Sketchpad

Notes

_____

_____

_____

_____

_____

_____

_____

Design Layout

Room Vision

Room Requirements

- [ ] L x W x H _____
- [ ] _____
- [ ] _____
- [ ] _____
- [ ] _____
- [ ] _____
- [ ] _____
- [ ] _____
- [ ] _____
- [ ] _____
- [ ] _____

Decor & Style Ideas

_____

_____

_____

_____

_____

_____

_____

_____

_____

_____

_____

Sketchpad

Notes

_____

_____

_____

_____

_____

_____

_____

_____

Design Layout

Room Vision

Room Requirements

- [ ] L x W x H _____
- [ ] _____
- [ ] _____
- [ ] _____
- [ ] _____
- [ ] _____
- [ ] _____
- [ ] _____
- [ ] _____
- [ ] _____
- [ ] _____

Decor & Style Ideas

_____

_____

_____

_____

_____

_____

_____

_____

_____

_____

_____

_____

Sketchpad

Notes

_____

_____

_____

_____

_____

_____

_____

_____

Design Layout

Room Vision

Room Requirements

- [ ] L x W x H _____
- [ ] _____
- [ ] _____
- [ ] _____
- [ ] _____
- [ ] _____
- [ ] _____
- [ ] _____
- [ ] _____
- [ ] _____
- [ ] _____

Decor & Style Ideas

_____

_____

_____

_____

_____

_____

_____

_____

_____

_____

_____

Sketchpad

Notes

Design Layout

Room Vision

Room Requirements

- [ ] L x W x H _____
- [ ] _____
- [ ] _____
- [ ] _____
- [ ] _____
- [ ] _____
- [ ] _____
- [ ] _____
- [ ] _____
- [ ] _____
- [ ] _____

Decor & Style Ideas

_____

_____

_____

_____

_____

_____

_____

_____

_____

_____

_____

_____

Sketchpad

Notes

_____

_____

_____

_____

_____

_____

_____

_____

Design Layout

Room Vision

Room Requirements

- ☐ L x W x H _____
- ☐ _____
- ☐ _____
- ☐ _____
- ☐ _____
- ☐ _____
- ☐ _____
- ☐ _____
- ☐ _____
- ☐ _____
- ☐ _____

Decor & Style Ideas

_____

_____

_____

_____

_____

_____

_____

_____

_____

_____

_____

_____

Sketchpad

Notes

_____
_____
_____
_____
_____
_____
_____
_____

Design Layout

Room Vision

Room Requirements

- [ ] L x W x H _____
- [ ] _____
- [ ] _____
- [ ] _____
- [ ] _____
- [ ] _____
- [ ] _____
- [ ] _____
- [ ] _____
- [ ] _____
- [ ] _____

Decor & Style Ideas

_____

_____

_____

_____

_____

_____

_____

_____

_____

_____

_____

_____

Sketchpad

Notes

Design Layout

Room Vision

Room Requirements

- [ ] L x W x H _____
- [ ] _____
- [ ] _____
- [ ] _____
- [ ] _____
- [ ] _____
- [ ] _____
- [ ] _____
- [ ] _____
- [ ] _____
- [ ] _____

Decor & Style Ideas

_____
_____
_____
_____
_____
_____
_____
_____
_____
_____
_____
_____

Sketchpad

Notes

_____
_____
_____
_____
_____
_____
_____
_____

Design Layout

Room Vision

Room Requirements

- [ ] L x W x H _____
- [ ] _____
- [ ] _____
- [ ] _____
- [ ] _____
- [ ] _____
- [ ] _____
- [ ] _____
- [ ] _____
- [ ] _____
- [ ] _____

Decor & Style Ideas

_____
_____
_____
_____
_____
_____
_____
_____
_____
_____
_____

Sketchpad

Notes

_____
_____
_____
_____
_____
_____
_____
_____

Design Layout

Room Vision

Room Requirements

- [ ] L x W x H _____
- [ ] _____
- [ ] _____
- [ ] _____
- [ ] _____
- [ ] _____
- [ ] _____
- [ ] _____
- [ ] _____
- [ ] _____
- [ ] _____

Decor & Style Ideas

_____
_____
_____
_____
_____
_____
_____
_____
_____
_____
_____

Sketchpad

Notes

Design Layout

Room Vision

Room Requirements

- [ ] L x W x H _____
- [ ] _____
- [ ] _____
- [ ] _____
- [ ] _____
- [ ] _____
- [ ] _____
- [ ] _____
- [ ] _____
- [ ] _____
- [ ] _____

Decor & Style Ideas

_____

_____

_____

_____

_____

_____

_____

_____

_____

_____

_____

Sketchpad

Notes

_____
_____
_____
_____
_____
_____
_____
_____
_____

Design Layout

Room Vision

Room Requirements

- [ ] L x W x H _____
- [ ] _____
- [ ] _____
- [ ] _____
- [ ] _____
- [ ] _____
- [ ] _____
- [ ] _____
- [ ] _____
- [ ] _____
- [ ] _____

Decor & Style Ideas

_____

_____

_____

_____

_____

_____

_____

_____

_____

_____

Sketchpad

Notes

_____
_____
_____
_____
_____
_____
_____
_____

Design Layout

Room Vision

Room Requirements

- [ ] L x W x H _____
- [ ] _____
- [ ] _____
- [ ] _____
- [ ] _____
- [ ] _____
- [ ] _____
- [ ] _____
- [ ] _____
- [ ] _____
- [ ] _____

Decor & Style Ideas

_____

_____

_____

_____

_____

_____

_____

_____

_____

_____

_____

Sketchpad

Notes

_____
_____
_____
_____
_____
_____
_____
_____

Design Layout

Room Vision

Room Requirements

- [ ] L x W x H _____
- [ ] _____
- [ ] _____
- [ ] _____
- [ ] _____
- [ ] _____
- [ ] _____
- [ ] _____
- [ ] _____
- [ ] _____
- [ ] _____

Decor & Style Ideas

_____

_____

_____

_____

_____

_____

_____

_____

_____

_____

_____

Sketchpad

Notes

Design Layout

Room Vision

Room Requirements

- [ ] L x W x H _____
- [ ] _____
- [ ] _____
- [ ] _____
- [ ] _____
- [ ] _____
- [ ] _____
- [ ] _____
- [ ] _____
- [ ] _____
- [ ] _____

Decor & Style Ideas

_____

_____

_____

_____

_____

_____

_____

_____

_____

_____

_____

Sketchpad

Notes

_____

_____

_____

_____

_____

_____

_____

Design Layout

Room Vision

Room Requirements

- [ ] L x W x H _____
- [ ] _____
- [ ] _____
- [ ] _____
- [ ] _____
- [ ] _____
- [ ] _____
- [ ] _____
- [ ] _____
- [ ] _____
- [ ] _____

Decor & Style Ideas

_____

_____

_____

_____

_____

_____

_____

_____

_____

_____

_____

Sketchpad

Notes

_____

_____

_____

_____

_____

_____

_____

_____

Design Layout

Room Vision

Room Requirements

- [ ] L x W x H _____
- [ ] _____
- [ ] _____
- [ ] _____
- [ ] _____
- [ ] _____
- [ ] _____
- [ ] _____
- [ ] _____
- [ ] _____
- [ ] _____

Decor & Style Ideas

_____

_____

_____

_____

_____

_____

_____

_____

_____

_____

_____

Sketchpad

Notes

_____

_____

_____

_____

_____

_____

_____

_____

Design Layout

Notes

Design Layout

Notes

_____

_____

_____

_____

_____

_____

_____

Design Layout

Notes

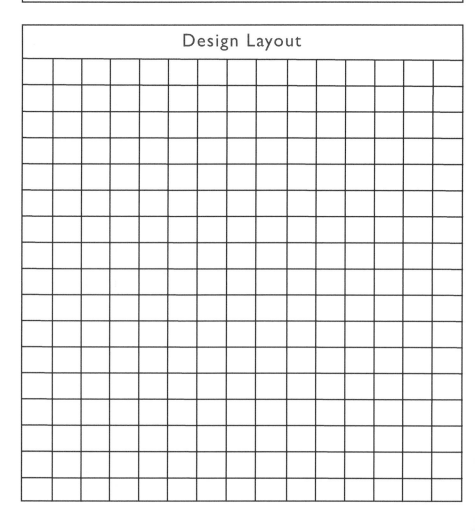

Design Layout

Notes

Design Layout

Notes

_____
_____
_____
_____
_____
_____
_____
_____

Design Layout

Made in United States
Orlando, FL
26 January 2022